Martin Szegedi

AUSGESETZT

AUSGESETZT

Martin Szegedi

Bibliografische Information der Deutschen Nationalbibliothek: Die Deutsche Nationalbibliothek verzeichnet diese Publikation in der Deutschen Nationalbibliografie; detaillierte bibliografische Daten sind im Internet über dnb.dnb.de abrufbar.

Herstellung und Verlag: BoD – Books on Demand, Norderstedt

ISBN: 978-3-7519-5695-6

Für Herrn M. Stelzer*

* Mein Mentor in Sachen Elektrotechnik
und Verlagswesen

Inhalt

VIII

Überforderung

Auf mich ist kein Verlass
für jegliches Sich-hängen-lassen,
Leben ist doch grad so was,
was man nicht sollte verpassen.

Nichts zu tun das strengt mich an
und überfordert mich,
ich zieh nicht mit, ich lass im Stich
jeden der es ertragen kann.

Bin nicht geeignet nichts zu tun,
mir ist fremd jede Langweile
und ich muss mich auch nicht ausruh'n
wenn ich beim Schlafen mich beeile.

Die Lösung

Wird was umgeweht,
wird es aufgehoben
und wenn nichts mehr geht,
dann wird geschoben.

Kriegt man es nicht hin,
wird es hin gekrochen.
Gibt das keinen Sinn,
wird's über's Knie gebrochen.

Als Könner oder Laie
packt man es halt an.
Kriegt man's auf die Reihe,
ist es abgetan.

So bringt man's hinter sich,
auf irgend eine Art
und meistens unterm Strich,
bleibt einem nichts erspart.

Neues

Auf was kann man noch hoffen
in meinem Alter?
Immerhin, als Fahrzeughalter
hat man alle Wege offen.

Doch neuestens, bei Nacht,
fahr ich nicht mehr gerne,
zu schwach leuchten die Sterne –
so nehm ich mich in Acht.

Und fahre weite Strecken
nur noch am Tag,
hab auch keinen Auftrag
dabei was zu entdecken.

Aber manches Neue
kommt selbst auf uns hinzu,
was ich nur dann bereue
wenn es mir nimmt die Ruh'.

Daheim

Oh, wenn ich mir selbst
den Rücken kehren könnte
und in die andre Richtung dann losziehn!
Seit sechs Jahren bin ich nun in Rente
und weiß fast nicht mehr wer ich bin.

Morgens mag ich Zeitung lesen,
das blieb mir übrig statt einem Job,
und staun über was noch nie da ist gewesen,
auch wenn's dies' gibt nur so als ob.

Aber ich bin froh: nun bin ich zuhaus
und kann mich rechtzeitig ausruhen.
Sonst fällt man heut' noch raus
aus den Schuhen!

Bestimmt

Bin so weit indessen
dass mir über Nacht,
das Kochen mehr Spaß macht
als das Essen!

Denn ich bin etwas „adipös",
so der Arzt bei meinem Anblick.
Worauf ich konterte nervös:
„Herr Doktor, ich bin bloß zu dick!"

Doch so redet man mit allen
die zu fett sind, wie mit mir,
man möchte nicht mehr mit der Tür,
heute, ins Haus einem fallen.

So gibt's auch keine Säufer mehr,
nur solche mit 'nem Alkoholproblem.
Das hört sich nicht nur an vornehm,
sondern ist dabei auch fair.

Denn es gibt keinen freien Willen
der uns macht zu was wir sind,
uns bestimmen schon als Kind,
die Umstände, im Stillen.

Kulturbanause

Kunst machen nur der Kunst wegen
ist mir fremd. In meinem Schreiben,
will ich stets zugänglich bleiben
weil auch die meisten so was mögen.

Ich beherrsche in der Sprache
nicht alle Ebenen gleich gut.
Das Alltagsdeutsch ist absolut
'ne ausreichend feine Sache

mit der man Bilder kann gestalten
als 'ne Art naive Malerei,
auch wenn ich so nicht kann mithalten
mit der abstrakten Schmiererei.

Die ist mir selbst zu enthoben
vom Realen und zu subtil.
Auch wenn sie die Kritiker loben,
einem wie mir, sagt sie nicht viel.

S. Dali ja, so was gefällt.
Er macht sich an Metaphern ran
in denen man etwas von der Welt
immer noch erkennen kann.

Doch jetzt genug, nun mach ich Pause.
Bei mir sieht man's von weit her
dass ich mit manchem mich tu schwer,
wie halt jeder Kulturbanause.

Über das Werden

In der Natur folgt die Form der Funktion,
in der Technik auch.
Das weiß man längst schon
und macht davon Gebrauch.

Doch wie wir auch unser Leben gestalten,
wichtig ist, wenn wir Fragen stellen,
deren Antwort auszuhalten –
im Dunkeln, wie im Hellen.

Ansonsten lebt man sich zu Tode,
mancher Trend ist uns zu viel,
vergänglich ist jegliche Mode
unabhängig vom Stil.

Nach Gehör

In einer Kapelle
spielen nicht Alle nach Noten
sondern manche nach Gehör,
so wird einigen auch nicht verboten
die Teilnahme am Straßenverkehr.

Mancher Motorradraser,
sobald er drückt den Startknopf,
trägt als Herz einen Vergaser
und bloß einen Helm als Kopf.

Da fließt ihm durch die Adern Sprit
und hinten raus kommt Ruß,
mit solchen halte ich nicht Schritt,
fahr lieber Auto oder Bus.

Oder gehe meinen Weg zu Fuß.

Eigenwillig

Er machte Abitur,
hat aber vor das Leben zu schwänzen.
Auf diese Tour
möcht' er seine Fähigkeiten ergänzen.

Auf keinen Fall wär er gern König:
es würde ihm bestimmt zu viel
das Zuwenig
was so eine Rolle einem lässt an Spiel.

Denn er kann nicht mal ruhig leben
wenn er seine Handuhr vermisst –
wie sollte man denn so Acht geben
wann es im Leben fünf vor zwölf ist?!

Konsumdreck

Noch legt sich die Scheiße brav unter uns,
wie Lava sie sich ergießt.
Doch machen wir so weiter,
über lang oder kurz,

werden wir von ihr aufgespießt!

Die Pille

Motto: „Die Kontrolle über die Fruchtbarkeit
ist wie einst die Zähmung des Feuers"

TV-Report

Einst galt sie als Befreierin der Frau,
heut woll'n sich viele Frauen von ihr befrei'n,
was sie alles bewirkt weiß niemand genau –
Hauptsach' die Liebe kann mit ihr gedeih'n.

Die Kontrolle über die Fruchtbarkeit
gleicht der Zähmung vom Feuer,
nur Afrika ist noch nicht so weit,
für die gilt sie als zu teuer.

Der Rest kämpft mit ihren Leiden.
Wer hatte das nicht schon?
Kopfweh, Krebs und Depression
kann man gänzlich nicht vermeiden.

Da wird eine Schwangerschaft
vorgetäuscht dem Körper mit Hormonen,
derweil für die Gesellschaft,
eigentlich, Kinder immer sich lohnen.

Seltene Blüten um uns herum treibt
der Einbruch der Geburtenraten
und es fällt auf die Zukunft ein Schatten:
wenn die Liebe folgenlos bleibt,

gleicht man nie alles aus mit Apparaten!

Spiel

Wenn das Unglück kommt
auf verhängnisvollen Sohlen,
ob du nun liegst und pennst
oder davon rennst,
wird es dich immer einholen –
prompt.

Es ist halt dein Geschick
im Hier und Jetzt.
Durch des Lebens Gehege
führen alle Wege
ins Leere, bis zuletzt –
ein Tick.

Drum setze nicht zu viel
auf das Ziel vom Weg.
Man kann auch reifen
ohne ins Weite zu schweifen:
die REGEL ist der Zweck
vom Spiel!

Methode

Der Peter und die Silie
zogen mal zusammen
und um sie niemand zu verdammen,
gründeten sie eine Familie.

Dank solchen Namen
mussten sie nicht lange warten,
bis im Ehegarten
aufging ihr Samen.

So wuchs aus dem Boden,
neben einer Lilie,
nach neuesten Methoden,
die Bio-Petersilie!

Gesund

So war es
und wird für immer auch so bleiben:
man hat nicht stets was Neues zu sagen.
Drum such auch ich manchmal im Schreiben,
bloß auf Antworten die richtigen Fragen.

Ob man dann gerät in Verruf
und verliert sein Gesicht?
Ich leide für andre von Beruf
doch laut neuestem Befund,
gibt's meine Krankheit nicht –
denn die macht gesund.

So gesund wie manche von der Rentnerbank,
dort drängen sich aktive Leute:
das Gesundheitswesen ist etwas krank
aber wir waren noch nie so fit wie heute!

Politisches Farbenspiel

Man kennt sich nicht mehr aus genau:
die „Schwarzen" werden langsam weiß
und die „Grünen" - grau.
Man ist alt aber kein Greis.

So ähnelt man sich immer mehr,
denn zwischen den Weißen und den Grauen
unterscheidet man nicht sehr,
nur bei längerem Hinschauen.

Ich bin dazu noch farbenblind,
zum Beispiel, bei Grün und Rot,
die für mich gleichfarbig sind –
als hielte man Kuchen für Brot!

Die „Blauen" gibt's noch und die „Gelben"
dazu gehörend zu dem Strauß,
die bleiben immerzu die selben
und es macht ihnen auch nichts aus.

Bayerisches Axiom

Spinn i
also bin i!

Haue

Auch bei uns wie überall,
in der Regel,
sinkt die Moral
mit steigendem Alkoholpegel.

„Herr Ober, bitte, noch ein Glas!"
Hört man in der Runde.
Und begeht dann lieber was,
bevor man geht zugrunde.

Statt zu harren im Nichtstun,
haut man einem eine drüber.
Schlimmer ist's im Bett zu ruh'n
mit Fieber.

Da liegt man als Pilleneinwerfer,
hier kommt bloß die Polizei daher
und die ist dein Freund und Helfer –
nur in diesem Fall...nicht mehr!

Aus der Norm

Als Ruhegeldbezieher
erlebt man manche Kuriosität:
in so 'nem Alter ist es oft früher

zu spät!

Spirale

Motto: „Die Lösung eines Problems
bringt ein anderes hervor"

Goethe

In der Zeiten wirres Spiel
suchen wir alle eine Lichtung,
doch so ein Ziel
gibt uns nur an die Richtung.

Ob wir es auch erreichen
steht teils in den Sternen,
wichtig ist zu lernen
vom Weg nicht abzuweichen.

Denn ein Problem zu lösen,
auf des Lebens Stufen,
heißt ein andres hervorrufen,
das nicht da gewesen.

Diese Spirale hat kein End'
und das hält uns immer wach,
so meistern wir manch' neuen Trend
auch wenn wir nicht sind vom Fach.

Sinn

Die Welt ist was bedrohliches
und das Leben lebensgefährlich,
aber seien wir mal ehrlich:
ist die Geburt nicht was erfreuliches?

Bei manchem Volk ist es umgekehrt.
Das feiert und ist froh wenn einer stirbt,
weil man ihn weiterhin mehr ehrt
und nicht mehr die Laune verdirbt.

Bodenhaltung

Wir vom Bauernhof „Hengst"
legen die Eier selbst.

Da ist drin
auch die Haltung am Boden,
denn bis hin
hängen uns die Hoden.

Beim Tanz, auf mancher Feier,
wird auch drauf getreten –
dann gibt es Spiegeleier
oder Omeletten!

Ausgeknipst

Ich leb mit mir seit Jahren
in gutem Gemeinschaftssinn,
nun könnt' ich aus der Haut fahren –
die Frage ist nur: wohin?

Denn dieser Winter geht mir auf die Nerven,
es will nicht schneien auch für meine Kufen.
Hat denn niemand Schnee in Konserven
bevor man Gott um Hilfe muss anrufen?

Doch selbst dieser hält mehr zu Minderheiten
als zu den andern Vielen,
so lässt er auch zu dass Obrigkeiten
Schicksal mit uns spielen.

Nachts, nachdem man einschläft, prompt
sieht man das nicht mehr,
man könnte denken dass dies' kommt
vom ausgemachten Licht her!

Protest

Manche hör'n sich gern was an,
andre möchten gehört werden
von Mitbürgern oder Behörden,
wo man nicht vorsprechen kann.

So nützen sie die Straße
als Bühne oder Podest
und betören die Masse
mit ihrem lauten Protest.

In Stadien und auf Plätzen,
hört man sie Lieder singen
in denen sie sich überschätzen
die Großen zu bezwingen.

Sie denken, mit ihren Gitarren
und großen Menschenhaufen,
Könnt' man um die Wette laufen
mit denen mit dicken Zigarren.

Die Puste würde diesen ausgeh'n
so dass sie halt zurück weichen,
doch auf der Siegerseite steh'n,
in dieser Welt, meistens die Reichen.

Dolores' Schuld

Alle meine Bleistifte sind von dir unterminiert
und somit auch alles was ich schreibe.
Mein ist nur die Hand, die etwas ANDERES führt,
was für uns Menschen
für ewig,
        tief,
im Verborgnen bleibe.

Glückssuche

Manche gehen gerne aus,
andere in sich.
Hauptsache raus aus dem Haus
oder rein ins Ich.

Und das regelmäßig,
am besten jeden Tag.
So was ist zulässig
auch wenn man es nicht mag.

Nur fanden schwer zurück
einige die in sich gingen.
Eigentlich soll man das Glück,
nicht versuchen zu erzwingen.

Sonst verläuft man sich mit ihm,
gerät meistens in Bedrängnis,
und wenn es auch ist legitim,
kann es werden zum Verhängnis.

Ohne Ausweis

Oh, ich hab noch Bier,
ich dachte es sei längst schon alle!
Für einen Schluck verweile ich noch hier,
mit dir in unserer Wohnzimmerhalle.

Dann ziehe ich um zwischen die Wörter,
wo es eng wird und heiß,
und ich hab immer noch keinen Ausweis
für die Ewigkeitspförtner.

Statt dessen sei es dir erlaubt,
lieber jetzt gleich als später,
anstelle von Lorbeerblätter,
mit einer Brennnessel zu schmücken mein Haupt.

Die soll mir die Gedanken würzen,
samt condition humain
und meine Wege verkürzen
zu dichterischen Höh'n.

Lehrgang

Wir gehen in die Schule des Lebens
und mancher von uns bleibt sitzen,
aber es ist nichts vergebens –
auch das könnte ihm mal nützen.

Es wird dazu gelernt indem
wir weit weg zieh'n von zuhaus,
grad' wenn man es nicht hat bequem
und man nicht weiß wie es geht aus.

Genau so bin ich selbst gesinnt,
auch wenn ich mich mal schone:
das Lernen für's Leben beginnt,
erst recht, nach der Komfortzone.

Ausgesetzt

Welcher Weg im Leben
führt zu unsrer Rettung?
Die meisten sind nicht eben –
da hilft auch keine Volksvertretung.

Denn da Oben wird regiert
als würde man's nicht anders können,
und wenn man mal die Wahl verliert,
bleibt man immer noch im Rennen

in der Oberen Etage
auf einem hohen Stuhl geklebt,
wobei nur noch dank Courage
unten weiter wird gelebt.

Drum harr' ich in der Mitte aus,
tu mich auf der Couch ausstrecken,
nur kann man sich in keinem Haus,
vor dem Leben ganz verstecken –

man setzt sich überall ihm aus.

Treue

Ich werd' dabei bleiben,
darauf bin ich scharf:
wenn ich mal kein Alkohol mehr trinken darf,

dann werd' ich mich damit einreiben!

Zensur

Wenn man vorliest hört man einen
Großbuchstaben – als solchen – nicht
und auch nicht den kleinen.
Die Rechtschreibung fällt nicht ins Gewicht,
es muss nur klar sein, was wir meinen.

Das Komma wird auch überhört,
dafür aber nicht der Punkt.
Die Wahrnehmung
wird auch dann nicht gestört,
wenn der Text halt wird gefunkt.

Denn ich les' gern am Smartphon
Freunden meine Gedichte vor.
Sie sind Prüfer für den Guten Ton
und mein bester Zensor.

„Das darfst DU so nicht sagen!"
hab ich mir auch anhören müssen.
Nur heut' muss man auch was wagen
trotz den Ärgernissen.

Bei DER Informationsflut
wird man sonst nicht wahrgenommen.
Solang ausbleibt der Übermut,
gibt's daraus kein Entkommen,.

Hauptsach' man wird nicht ausgebuht!

Oben

Als auf der Karriereleiter
er dann etwas höher glitt,
kletterte er doch noch weiter
obwohl er an Höhenangst litt.

Wenn er jetzt nach Unten schaut,
auf die die ihm sind unterstellt,
wird's ihm schwindlig. Und ihm graut
dass er mal tiefer als sie fällt.

Denn wenn man wohl ganz oben steht,
verliert man trotz besserer Sicht,
wenn auch noch ein Betriebswind weht,
undenkbar leicht das Gleichgewicht.

Widerspruch

Kein Wunder
dass man manches nicht mehr hören mag
wenn man das Thema überreizt.
Die Politik
beklagt die Erderwärmung jeden Tag –

doch wird ein dreiviertel Jahr geheizt!

2015

Ausstieg

Das was an uns zehrt still
ein Berufsleben lang
doch einem an Sicherheit gibt viel,
ist der lästige Arbeitszwang.

Sich davon zu befrei'n
nur die Erlösung im Blick,
kann nicht eines jeden Ziel sein
und auch nicht der Weg zum Glück.

Ohne irgendwelchen Sinn
kann einer wie ich nicht leben,
im Kreis laufen führt nirgends hin,
man kann sich doch nicht ganz aufgeben.

Ich brauch einen Rentnerjob als Entwöhnungskur,
zu lang malocht man um jäh aufzuhören.
Die Arbeit wird einem zur zweiten Natur –
wie soll man ihr brüsk den Rücken kehren?

Aussteigen? Ja, aber in Stufen.
Da bin ich nicht mit allen einer Meinung,
doch so könnte man ausscheiden aus allen Berufen,
ohne jegliche Entzugserscheinung.

Plage

(in Erinnerung an M. Pfaff)

Mühsam haben wir uns geschleppt
vorbei am Verderben,
wir haben genug gelebt –

nun soll'n die andern sterben!

Getrieben

Man bleibt nicht unbedingt steh'n
wenn man mal auch ankommt,
sondern man kann weiter geh'n –
doch nicht zu prompt.

Ist es uns nicht zu viel
und möcht' man nicht sein der Schwächste,
ist das grad erreichte Ziel
ein gutes Startloch für das nächste.

Wir sind viele Unzufriedene
mit der Welt und mit uns selbst,
und bleiben Getriebene,
werden wir nicht ausgebremst.

Denn solange man noch lebt
ist Gefahr in Verzug,
dass was man mal hat angestrebt,
einem nicht mehr ist genug.

Tipp

Auch regelmäßiges Lottospielen kann selten zu einem hohen Gewinn führen. So müsste eigentlich als Ziel gelten:

nicht VIEL gewinnen, sondern WENIG verlieren!

Großvaters Vermächtnis

„Hör her, mein Kind, was ich zu sagen habe
und achte auf meine Worte bis zum Tod:
wir Sachsen haben stets die Gabe
zusammen zu halten nicht nur in Not.

Doch sollst du so leben,
dass man nicht mal weiß dass es dich gibt.
Und gegen die Obrigkeit
sollst du dich nie als erster erheben,
auch wenn wir nicht sind beliebt.

Deinen Kindern, irgendwie,
teile zu, am Tisch, den besseren Bissen.
Und liebe sie –
doch sollten sie es nicht wissen!"

So sprach mich Großvater an
am Tag meiner Konfirmation.
Es war eine tiefgehende Lektion,
die ich aber bis heut' nicht ganz befolgen kann.

Geduldssache

(angelehnt an den Volksmund)

Nach der Frau, die sich von dir will trennen,
und nach der verpassten Bahn
sollst du nicht hinterher rennen –
es kommt die nächste irgendwann.

Man muss nur warten können!

Fasten

Ich nehme Energie zu mir
die ich nicht verbrauch,
davon und somit auch vom Bier
rührt her halt mein Bauch.

Das was ich mir einverleib'
muss auch wieder weg.
Liegen zum Zeitvertreib
ist kein Privileg.

Ich muss anfangen zu laufen
und aufhören mit dem Rasten,
dazu nur noch DAS einkaufen
was sich eignet auch zum Fasten.

Einmal muss man sich entscheiden
zwischen einer Schwitzkur
und einem andern Leiden:
eine geringere Kostzufuhr.

Oder am besten: für die beiden!

Beamtenaltern

Betrachtet bei Licht,
haben manche Alten
im Geist mehr Falten
als auf dem Gesicht.

Man müsste nachfragen
bei höheren Behörden,
ob man das Altwerden
nicht kann vertagen.

Auch die in den Hospiz-Betten
würde wohl interessieren,
wenn sie noch die Kraft zu fragen hätten:
könnte man nicht den Tod stornieren?

Sie möchten keinem liegen auf der Tasche
falls sie sich nicht für immer im Jenseits verheddern.
Drum sollte man lieber ihre Asche,
zur Sicherheit, auch schreddern!

Gerätemimik

Ich stell' den Bierkasten in den Leergut-Automaten,
drück' den Knopf und schon
wird es seltsam im Kaufhaus:
aus dem Schlitz des Geräts schlüpft der Leergutsbon

als strecke jemand die Zunge zu mir raus!

Eingemachtes

Unter dem was ich schreib,
befinden sich Sachen
zum sofortigen Zeitvertreib
oder auch zum Einmachen.

Ihre Haltbarkeit beruht
auf dem einfachsten Rezept:
ich fand meist DAS zum Schreiben gut,
was ich selbst habe erlebt.

Verkehrsrisiko

Out ist manch Warenartikel
und das hat Methode.
Doch was auch immer man fährt für ein Vehikel,
der Unfalltod kommt nicht aus der Mode.

Ein Navi ersetzt den Atlas
und hilft dass wir uns nicht verirrn.
Für den Umgang mit dem Gas,
hat man das Gehirn.

Doch nicht die rasenden Geschöpfe,
die sich den Helm machen zunutz'.
Denn besonders hohle Köpfe
brauchen einen Aufprallschutz!

Rat

Halte für den Arztbefund
sorgsam ein die Frist.
Denn erst wenn man krank ist,

lebt man gesund!

Erlebnis

Manche plötzliche Ideen
sind es Wert eine Notiz,
bei mir, ein sicheres Indiz
dass mal Verse draus entstehen.

So wie auch diese hier,
die ich grade nieder schreib,
fassend wohl ins Visier
nicht nur den Zeitvertreib.

Sondern auch den Gewinn
an Selbsterkenntnis,
was dem Geschehnis
erweitert den Sinn –

zu einem Erlebnis.

Mehrheit

Unsere Kinder
werden's nicht besser haben als wir,
unser Wohl ist nicht mehr zu toppen.
Wie soll man in gleicher Manier,
noch mehr als wir, weiterhin shoppen?

Einmal ist alles erreicht,
auch das Ende der Fahnenstange.
Der Planet ist nicht geeicht
uns auszustehen all zu lange.

Was folgt nach dem Zuviel
auf der Skala des Lebens?
Man müsste abstrafen dies Spiel,
bevor es ist vergebens.

Ein Schiedsrichter muss her,
der die Rote Karte zuckt.
Auch wenn es ihm fällt schwer
und er dabei noch wird bespuckt.

Doch wer von uns wäre bereit
sich anzulegen mit dem Volk?
Wäre er noch so gescheit,
garantiert ist kein Erfolg.

Das liegt an der Demokratie,
weil ein jeder lästern darf,
auch wenn er sein Lebtag nie
was Bestehendes umwarf

um es dann anders, mit der Zeit,
nachhaltiger aufzubauen.
Solche sind aber die Mehrheit
und man kann ihnen nicht vertrauen.

2020

Wunsch

(dem Volksmund nach)

Ob man nun am Band schafft oder an Schaltern
bei bestimmten Behörden,
alle möchten Hundert werden –

aber nicht altern!

Einnahme

Ich steh zu mir als Dichter
und auf dich als Mann,
weil ich sogar per Trichter
von dir nicht genug kriegen kann.

Deine Zuneigung füllt mich ab
beinah' bis zum Überlaufen,
dass ich immer bloß ganz knapp
davon komm' vom Absaufen.

Du bist nicht zu unterschätzen,
nur von einem der nicht Acht gibt.
Denn wer möcht' sich widersetzen
wenn man von dir wird geliebt?

Behelfsmittel

Nicht nur wenn man ist jung
braucht man Gemüse und Mineralien.
Um die Liebe zu halten in Schwung,

zieh'n ältere gern...gen Italien!

Wissen

Ich hab gern Leute um mich
von denen man was lernen kann,
ich lass auch niemanden in Stich,
wenn es drauf kommt an.

Was ich weiß gebe ich weiter,
im Beruf wie auch privat
und bevor ich noch scheiter,
nehm ich selbst an einen Rat.

Wissen ist ein hohes Gut
das nicht darf verloren geh'n.
Des Menschen Fortkommen beruht
auf was er stets lernt zu versteh'n.

2014

Politik

Es knackt im Bundestagsgebälk.
Doch gibt man sich wendig und nicht steif,
auch wenn manch' Grüner nun wird welk
und die Roten überreif.

Bald fallen sie ganz tief
in der Gunst der Wähler,
der Parteisegen hängt schief
denn die Basis die wird schmäler.

Man muss wirklich staunen
über was nicht alles geht,
die Blauen lernen von den Braunen
wie man stramm heut' steht.

Ohne den Arm zu heben
denn das wäre dann zu viel,
man will sich schon volksnah geben
doch nicht schießen über's Ziel.

Das wird den Linken überlassen,
die sind darin geübt
ihr Programm so zu verfassen
dass es den meisten nicht beliebt.

Die Schwarzen schauen zu gediegen,
in ihrer Zweifaltigkeit.
Nur könnten sie nicht so oft siegen,
wären sie halt nicht zu zweit!

2016

Arm

Manche kommen spät raus aus den Betten
nur um nachher 'rum zu sitzen
mit den Mündern an des Staates Zitzen –
wie soll man sie auf Dauer retten?

Statt arm zu sein, lieber nichts besitzen!

Vollzeit-Jobber

Ich spitz die Ohren wie ein Luchs
und reiß die Augen auf,
dass ich nicht mehr dort bin wo ich aufwuchs,
nehme ich in Kauf.

Ich fand in meinen Dichtungen
ein passendes Zuhaus
und streck nach allen Richtungen
meine Fühler aus.

Die Radiotaste wird gekippt
sobald die Küche ich betrete:
ich jag' Sprüche die's noch nicht gibt,
und das auch auf der Toilette.

Im Stillen und bei Krach,
bin ich und bleib' Poet,
wie ich die Augen aufmach'
und bis ich geh' ins Bett.

Globalisierung

Geht es heut' anderen schlecht,
geht's uns auf Dauer auch nicht gut.
Wenn was auf Gegendienst beruht,
dann das Wohlergeh'n erst recht.

Für's Miteinander gibt's Strategen,
die Alleingänge sind out
und wenn's auch geh'n soll ohne Maut,
sind die meisten nicht dagegen.

Bezogen auf das Hin und Her
der Waren für den Handel,
ist die ganze Welt im Wandel,
obwohl es manchen noch fällt schwer.

Denn alle drängen auf den Markt,
nur auch in die kleinste Lücke,
hat mit reichlich List und Tücke,
schon ein großer eingeparkt.

Die Wirtschaft ist halt heute frei
und der Stärkere hat das Sagen,
doch manches würde er nicht wagen,
gäb's hierfür 'ne Polizei.

So wie für das Marktgeschehen
eine strengere Kontrollmacht,
die auch beim winzigsten Verdacht,
den Exzessen würde nachgehen.

Ruhestand

Nun ziehe ich für immer aus
die Sicherheitsschuhe,
setze mich zur Ruhe
und nist' mich ein zu Haus.

Was mir gehört
braucht man mir nicht geben,
auch wen es manche stört,
nehm' ich mir schon das restliche Stück Leben.

Ansonsten ist es ja bekannt:
zum Scheitern braucht man keine Methode,
das geht von allein,fast elegant,
auch wenn's im Alter nicht mehr ist in Mode.

2015

Spätherbst

Mir tut nichts weh, drum bleib' ich cool
wenn mich auch etwas drückt der Schuh.
Ach, meine Seele sitzt wie auf einem Stuhl
und schaut dem Leben zu!

Ich könnte die Toten schnarchen hören
wenn der Friedhof näher wär',
man hält Ausschau und möchte nicht stören,
die Äste haben keine Blätter mehr.

Denn der Wind läuft torkelnd gegen Bäume,
auf die Straßen legt sich Schnee,
man zieht sich zurück in beheizte Räume
und statt einem kühlen Bier, trinkt man nun Tee.

Versagen

Früher stritt ich in Selbstgesprächen,
bei Sonne oder Regen,
von niemand gehört
und mein Gesprächspartner war mir unterlegen.

Heut' ist es umgekehrt!

Auszeit

Viel Show heißt manchmal:wenig Grips.
Drum schau ich mir lieber an die Sterne.
Seit dass ich in Rente bin, tu ich oft nichts,
und auch das nicht gerne.

Das Nichtstun, ach, ist mir zu viel,
ich möchte lieber etwas machen.
Wichtig ist, man hat ein Ziel,
auch wenn manche drüber lachen.

Spazierengehen, das hält schlank
und tut den Gelenken gut.
Auch die Arbeit macht nicht krank
aber halt manche – kaputt!

An was könnte man sich festhalten?
Ganz weit weg sind Ruhm und Ehre,
das Neue wandelt sich zum Alten
und was voll ist in das Leere.

Rausch

Ich ging in mich
und habe mich verlaufen,
doch fand ich es nicht ärgerlich,
schließlich konnt' ich mal verschnaufen.

Endlich einmal Ferien
von all dem Angebot
mit dem uns die Arterien
der Wohlstand bedroht.

Die Kalk- und die Fettpropfen
sind nicht Öko wie der Raps.
Sie tun die Blutbahnen verstopfen –
brüchig macht sie…zu viel Schnaps!

So nehme ich von weit her wahr,
wenn ich in die Welt raus lausch'
über 'ne Wirtschaft oder Bar,
den globalen Rausch.

Alkohol ist auf dem Vormarsch,
die Menschheit torkelt sich voran,
weil heute – wäre es auch falsch –
fast jeder sich besaufen kann.

Das geht an die Substanz,
zehrend an den Kräften.
Aber nicht an der Bilanz
der Promille-Geschäften.

So bleibt es weiterhin erlaubt
sich die Birne voll zu saufen,
denn die große Mehrheit glaubt,
das Glück könnte man sich kaufen.

Geburtstage

Dreimal im Jahr
spachtelst du mir zu den Mund mit feiner Torte
dass ich nicht mehr kann klagen wie uns die Zeit
vergeht.
Mitten vom Tisch betrachtet uns die Rose wie eine
Sorte
von Seelen die nur sie noch versteht.

Wie sie gepaart
sich ineinander klammern und eine um die andre sich
dreht.
Unsere Tochter funkt uns noch dazwischen,
eingetrimmt auf Fitness und Diät
und ich bin mir sicher dass wir sie bald werden
erwischen
wie sie unsern Herz- und Hirngleisen fremdgeht.

Wie auch wir
mal fremd sind gegangen denen UNSEREN Alten
und uns entfernten nur noch nach Vorne schauend.
Das kann niemand in dieser Welt aufhalten,
außer mir, mit der Faust auf den Tisch hauend
dass der Teller mir ins Gesicht springt,
mir die Sicht auf die Rose und in das Werden
verbauend.

Diättrick

So läuft's nun mal auf Erden,
manches erreicht man nur mit List:
wer weniger isst,

muss sich bemühen schneller satt zu werden!

Erdung

Dass ich dich kennen lernte,
hab ich schon anfangs nicht bereut.
Ich hatte wem zu schreiben Liebesbriefe
und mach das auch noch heut:
dort,in meiner Gedichten Tiefe.

Wer mal in meiner Seele gräbt,
der stoßt auf dich auf ihrem Grund.
Dein Kuss hat mich so oft wieder belebt,
wie eine Beatmung Mund zu Mund.

Denn ich war voller Schwermut
als ich plötzlich auf dich traf,
doch geht es mir seitdem so gut,
dass ich nach dir tast auch im Schlaf.

Ich möchte mich überzeugen,
dass es dich neben mir noch gibt.
Nicht tief genug
kann ich mich vor dir verbeugen,
seit ich von dir werde geliebt.

In dieser rücksichtslosen Welt,
bist du mein grün-gelber Erdungsdraht,
der mich schützt wenn unbestellt,
Lebensgefahr mir heimlich naht.

Du holst mich auf die Erd zurück,
wenn ich unverhofft abhebe
und auf der Suche nach dem Glück,
über den Tatsachen schwebe.

Abgang

Manche zieh'n sich das Geld
auf die Lunge und die Brust,
andere durch die Nase.
Ich hab auf keins von den beiden Lust,
bin also in der letzten Lebensphase.

Mit mir macht man keinen Reibach mehr.
ICH entscheide von nun an
was ich lass' oder tu',
einer wie ich gibt nichts mehr her,
um so weniger die Ruh'.

Mein Durchhaltevermögen ist am End' –
wohin,wohl, so ein Dasein führt?
In eine Gegend wo man sich verliert
und eine Zukunft second hand.

Die letzten Biere
werd' ich aus der Schnabeltasse trinken
und dann, auch ohne Papiere,
Richtung Himmel,
mit dem Rollator, im Dreivierteltakt hinken!

Einwand

Manche nehmen's auf die sanfte Tour
wenn etwas sein muss,
so kehrten sie auch gern zurück zur Natur –

aber, bitte, nicht zu Fuß!

ANHANG

Doppelbodenlyrik

(es wird empfohlen manches
zweimal zu lesen)

Streit

Nach einem Gerangel-Versuch
lag was in der Luft,
ein blaues Auge mit Wohlgeruch:
Veilchenduft.

Der Tipper

Er hatte sich angepasst
in der Rolle des Tabubrechers,
dank der Fettfütterung eines Fernsprechers
als Telefonmast.

Nicht zu süß und nicht zu bitter,
bereitete er aber zu Schonkost,
auf einem vornehmen Grillgitter –
Edelrost.

Zu aller Letzt,
bohrte er dickere Bretter,
und hat
auf einen Monarchen viel Geld gesetzt
als Kaiserwetter.

Unrast

Nach anstrengender Testung,
gönnte er sich eine Erquickung.
Dank der Fortentwicklung
begann er den Ausbau einer Festung.

Er hatte viel zu lupfen,
konnte aber der Müh' nicht entflieh'n,
musste trockenes Gras sich durch die Nase zieh'n –
Heuschnupfen.

Um weiter zu entgeh'n der Hetze
entschied er sich für den Rest
und gab eine Party für Grundsätze –
PRINZIPIENFEST.

Dann ließ er schauen nach seinen Arterien
auch wenn er eigentlich war steif,
wie damals,
beim Niederschlag in den Winterferien,
URLAUBSREIF.

Dandy

Beschäftigt in der Therme,
blieb er berufsmäßig Spitze.
Er strahlte aus diese Kellner-Wärme:
Oberhitze.

Seit er ging unter die Schürzenjäger,
ließ er sich auch anders blicken,
und zwar mit Hosenträger –
dieses Querbauteil in Kleidungsstücken.

Um alle noch mehr zu verwirren
und beim Schach zu überragen,
musste er einen Zug riskieren:
EISENBAHNWAGEN.

Trauergesellschaft

Auf der Beerdigung
folgte beim Tränenbrot die Erhellung,
durch eine mäßig warme Anfertigung
als LAUERSTELLUNG.

Nicht nur für die Erbbefugten
wies die Suppe auf säuberlich,
eine Gravur von Hühnerprodukten
als Eierstich.

Nach dem Schnitzel, bei Kaffee und Tee,
besprach man bloß
das Schicksal einer Idee –
EINFALLSLOS.

Verbrechen

Man machte großen Druck,
gleich bei der Flugzeuglandung
und suchte nach dem Fingerschmuck,
in einer Ringfahndung.

Dank zwei Enthüllungsreporter,
forderte die Anwaltschaft
Arrest für einen Berufssportler,
PROFIHAFT.

Beim Aufspüren des Geldwäschers,
stieß man ganz nebenbei,
auf die Keimzelle des Gewaltherrschers:
Tyrannei.

Durchtrieben

Viel Charme
hatte er nicht unbedingt.
Aber ein Körperteil was Rendite bringt,
ERTRAGSARM.

Trotz den Unannehmlichkeiten,
errang er ohne Anwalt,
den Lohn ehemaliger Wärmeeinheiten
als Kaloriengehalt.

Doch konnte man ihn nicht halten im Zaum.
Oft landete er an der selben Stelle,
sitzend im gleichen Arrestraum –
in seiner Stammzelle.

Mit seiner einstigen Partnerin
gab es noch Verständigung
und man wusste das schon:
es war jenseits aller Verelendung,
Exkommunikation.

Politiker

Das war noch seine Rettung:
nach einem Diäten-Gerangel,
fand man ihm im Blut
eine Maschine für Metallglättung –
Eisenmangel.

Man sah ihm das an,
als platter Gatte
stand nicht zur Debatte
der Flachmann.

Wo er auftrat machte ihm nichts aus,
er ging überall hin.
So hatte er auch in einem Wirtshaus
einen Lokaltermin.

Man muss aber hinzu fügen:
im benachbarten Bereich,
war eine Wasseransammlung voller Zeitungslügen –
ein Ententeich.

Standard

Für des Volkes wohl und Heil
braucht man nicht nur Sauerteig,
sondern
manch maschinell gefertigten Baumteil:
ein Industriezweig.

So was greift nie zu kurz
auf Erden, überall.
Ein dem Standard entsprechender Sturz –
der Normalfall.

Gelegenheit

In unserer wirren Epoque,
erntet man auch Lob
für die Arbeit im kurzen Rock –
in einem Minijob.

So nutzt man die Gelegenheit
sich zu zu prosten
bei einer Anstoß erregender Tätigkeit:
man tut toasten.

Das könnte man sich nicht erlauben,
gäb's nicht die guten Lesestoffe
auf die ich jeden Herbst neu hoffe:
die Weintrauben.